AF359590

DAUPHIN MEUNIER

L'HEURE EN EXIL

PARIS

Léon **VANIER**, Éditeur

Quai St-Michel

1891

L'HOMME EN EXIL

PARIS
Léon VANIER, Éditeur

1891

A mon cher et Éminent Confrère
Camille Lemonnier
hommage de mon admiration
Dauphin Meunier

L'HEURE EN EXIL

DAUPHIN MEUNIER

L'HEURE EN EXIL

PARIS

Léon VANIER, Éditeur

Quai St-Michel

1891

DU MÊME AUTEUR

A TRÉPAS (épuisé)

LÉGENDE.

*Je crois que de ma parentèle fut, une fois, un
Japonais nommé Fou-tsa, à qui personne ne voulait
reconnaître d'ascendants naturels, pour ce qu'en toute
vraisemblance, ceux-ci étaient de trop honnêtes labou-
reurs; au contraire de lui, retiré dans une Tour de
sa construction, qui journoyait à ne cultiver qu'un
art inutile.*

*Lequel, on n'en savait juger qu'à boulevue, sur
l'aspect de la Tour rehaussée de primitifs bas-reliefs,
adornée de chimères inouïes et de sinistres gargouilles :
mais plutôt la boucharde, qu'à l'accoutumée portait
Fou-tsa, faisait penser à la sculpture. Du moins, les*

ouvriers du bâtiment opinaient-ils en ce sens, où tout le monde n'inclinait point. Même les marjolets du lieu, soucieux d'exprimer leur doute sans trancher le litige, embrenaient à son pied la Tour que plus profitablement eût habitée, par exemple, le guet ; et n'entendait-on pas encore, dans la bavarderie générale, proférer de grossiers calembours dont l'un, très répandu, consistait à n'appeler Fou-tsa que le " Fou „ uniment.

En vérité, Fou-tsa confabulait souventes fois avec les rustres par le moyen de signes ordinaires et intelligibles, considérés séparément ; mais qu'il les disposât en discours : leur sens tombait en soudaine billebaude, comme les propos d'un brise-raison opiniâtre et furieux. Seuls, dès l'abord, les ouvriers du bâtiment y démêlèrent, par intuition et similitudes, une science avancée de leur métier et d'autres connaissances moins répandues : au point que se propagea le soupçon de leur amitié avec Fou-tsa ; ce pourtant qu'entr'eux ils tournaient ses paroles en niaises bonhomies. Aucuns, en pensée, l'excruciaient déjà.

Advint qu'une bachelette, passant non loin de la Tour, s'ajusta à l'intention d'en débûcher Fou-tsa. Par sa loquèle les huis déclos, male encontre! Fou-tsa s'assota d'elle. Et goûta de la chattemitte telles blandices et tant, qu'il dut tôt recourir aux sorciers tenant hôtel et pension pour guérir les esprits avertineux et les corps contus.

En cette accidence, il vécut un long temps et à la désespérade s'en alla, voire à trépas. Lors, se ressaisit pour le retour à sa Tour, où s'éloigner à jamais de la Vie orde, tenue en grand déprisement : car elle ne sentait que faguenas, et des animaux, qui affectaient masques d'humains, lui montraient tout le reste d'êtres maléfiques et brutifiés. Ah ! voix casse de la Vie et de ses atrabilaires vivants! lourderies, empirances et déconforts! — cependant qu'ailleurs le rappelaient musiques nonpareilles de Rêves, jaseries de jouvencelles ayant nom d'Idéales, seules Amies de qui le cœur ne faut point.

S'en retourna donc, et se renferma.

Mais la Vie, ainsi que femelle délaissée, de hanter le voisinage jour et nuit ; et Fou-tsa de ne plus reposer. Elle adirait sa vue, obnubilait son odorat, assourdissait son ouïe, tenait son corps en mésaise et son esprit en maussaderie, jusqu'à ce qu'il s'avisât de contrefinesse. Au dessin flexueux d'un ivoire sculpté fixer l'obsession, c'était conjurer l'Ennemie, comme un, s'il dépose à terre son faix, qui soulage d'autant sa fatigue.

Le choix aussitôt résolu d'une bille d'ivoire nette et polie, dedans il creusa, mignota, atourna, laça de lignes si complexes la Malitorne qu'il l'empêcha de méfaire plus, contre sa gaillardise ; puis, de liesse, s'esclaffa d'une manière si incongrue et diverse (en oh ! en ah ! en hi ! en voyelles et en consonnes) que les contadins d'alentour, pensant être appelés, accoururent incontinent, pêle-mêle : pacants à face revêche et poilue, dariolettes, pucelles ou non, aux douces joues incanes, toutes à tous semblables en ce que, de l'aventure curieux, ils béaient de même, non seulement de la bouche, mais des yeux, des oreilles et du nez, sinon d'autres ouvertures.

Ce que voyant et leur montrant sa bille d'ivoire ouvrée :

" Considérez, leur dit Fou-tsa, comme quoi est en ceci deux choses distinctes : la forme et le fond, le faire et le fait, le dire et le dit, aux uns devant duire mieux l'art du dessin, et l'imagerie aux autres. Ainsi présentement êtes-vous une troupe de profanes et d'artisans experts qui ne goûterez de mon œuvre que la part idoine à vos entendements respectifs... Plaise à vous, pacants curieux de vos misères peintes, n'y voir qu'elles, mais, gens de l'art, n'admirer que mon habilité à redresser le difforme, décemment dévêtir le nu, jeunement refaire l'envieilli. „

Sur ce, chacun se rebiffant, reniflant et regardant à côté, on lui cria : " Au margouillis! „ d'un si bellement prompt ensemble, qu'à peine eut-il le temps d'en chauvir des oreilles.

Non qu'il prît alors diffame de lui, mais par déconcertement, il regagna sa Tour; où désormais en exil, pour charmer l'Heure, il se décida à sculpter une nouvelle bille d'ivoire. Ce travail achevé, il s'endormit; la bille chut de ses mains lendores.

Or, rêvant là-dessus, Fou-tsa imagina qu'elle allait frapper quelques sottisiers, le nez en l'air, en train de souhaiter qu'elle tombât dans l'eau.

AILLEURS

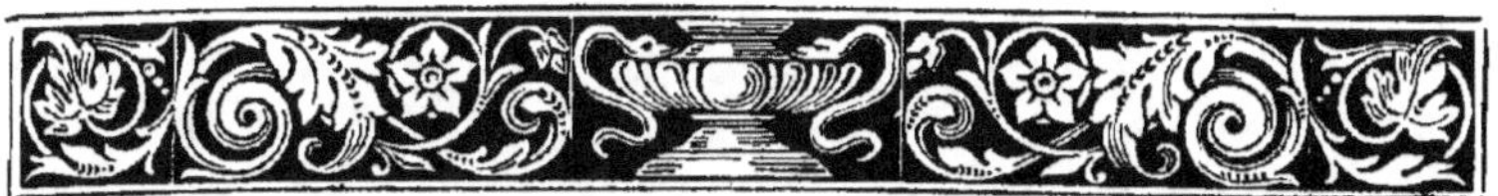

L'île d'exil où nous allons,
   Où coule le flot clair des flûtes,
   Où va l'âme des violons,
   L'île est lointaine où nous allons.

C'est un départ harmonieux
De voix qui sont des voiles blanches :
Voix d'extase élevant les yeux,
Voiles au vent harmonieux.

Au clapotis des pianos,
La barque indécise du rêve
Fuit sur l'eau plate des canaux
Aux clapotis de pianos.

Les violoncelles profonds
Entr'ouvrent d'étranges abîmes,
Mais on s'éloigne au bruit que font
Les violoncelles profonds

Vers la rive où l'air rare et doux
Alanguit l'orgue des verdures,
Où des palais sont parmi tous
Les jardins où l'air rare est doux.

Viens ! leur sourdine assoupira
Les trémolos où ton cœur tremble
D'aborder l'île d'Opéra :
Là, ta peine s'assoupira ;

S'enorgueillira ton amour
Aux cuivres des apothéoses :
Claims des cymbales, clairons pour
Le triomphe de ton amour.

Viens ! c'est ailleurs que nous allons.
Loin de toi s'affligent les flûtes
Et meurt l'âme des violons :
Ailleurs est l'île où nous allons.

LE CŒUR EN EXIL

Du miel pour que ma langue ait le goût — et du lait,
Qu'elle dise ton nom blanc comme vierge l'est ;

Qu'elle le dise encore et plus fort cependant
Qu'il fleure ingénûment l'odeur de tes vingt ans,

Ton nom joli de Marguerite qu'elle apprit
Pour qu'à jamais en soit doux mon Verbe — et fleuri.

Très-proche cependant que seulement prochaine,
  Pour embaumer, sans la troubler, l'heure en exil,
  Parfum de chair et point de chair, mais corps subtil
  Qu'ainsi jamais venue et présente Elle vienne !
  Pour embaumer, sans la troubler, l'heure en exil.

Dans mon silence où les syllabes stillent toutes,
Aveux que n'acertainent ses lèvres ni rien,
Frais lacis de ses bras en gestes de lien,
Morsures sans l'arille âpre des fruits qu'on goûte,
Aveux que n'acertainent ses lèvres ni rien,

D'un dessin succinct, teinte claire peinte en fresque,
En si folle peur du cœur qu'on pourrait briser
Qu'à peine en amour, à peine un léger baiser,
Et si peu de sexe qu'insexuée ou presque
Par si grande peur du cœur qu'on pourrait briser,

Telle, bien que plus belle peut-être plus vive,
Qu'Elle, l'Amie ainsi, l'Ennemie autrement,
Vienne ! sans que son pied pèse comme un tourment,
Sans que se plaigne même une planche jointive :
Elle est l'Amie ainsi, l'Ennemie autrement.

D'abord s'en vint l'Ennemie à l'entour
De mon corps inerme et seul dans sa Tour
Déverse sur sa base de sagesse ;

Puis s'essouffla l'Atabule brumal
Qui, sur mon corps inaccessible au Mal,
Gerça la Tour comme écorce gélive.

Elle, au plus près de moi venue alors,
Ce fut un ineffable corps à corps
Dont geignait et saignait mon corps brehaigne.

Par griève blessure Elle l'émut,
Et m'enveloppa si bien qu'elle m'eût
Brûlé dans sa chevelure ignivome

N'était l'Esprit soudain aide et vainqueur
Qui rendit vaine et froide pour mon cœur
Sa chevelure détorse, sa force.

Ce ne fut que mon corps qui se damna ;
L'Esprit permit que la folle entraînât
La fane de mon corps sur son alfane.

Mais depuis mon cœur surveille à l'entour,
Et, pour cacher les brèches de la Tour,
Plante l'aurone dans les chantepleures.

Mon cœur est d'une fleur dont tu pourrais du doigt
Ecarter comme voiles fermés les pétales
Et l'effeuillant, elle exhalant son âme pâle,
N'apprendre que ton nom et le parfum de Toi.

Mon cœur est d'une fleur levée à ton aurore,
(O Blonde et Bleue ainsi que soleil et que ciel!)
Levée et las! vouée au hasard des autels
Où Toi seule, invisible, es Celle que j'adore,

Vierge lointaine ! Et cependant que je m'en vais,
Vierge exorable, Dame reine et souveraine
Contre tous maléfice et présage mauvais,

Sois de mousse partout où ma tige s'érige
Et d'eau fraîche une coupe au calice épuisé
De mon cœur, fleur vers Toi tendue à se briser.

Algide en son geste ingénu,
  C'est de rêve qu'Elle veut être
  Erigée en un beau corps nu
  Et qu'on dise d'Elle : Peut-être...

  Sans jamais l'attouchement vil
  Des lèvres plutôt en prières
  Qui la raviraient à l'exil
  Et l'outrageraient tout entière.

Ange, matérielle, ou pas?
Le marbre et la chair la diffament
Tant ici-bas rien à son pas
Ne laisse à penser qu'Elle est femme

Ni ô sa voix d'en haut, ni ô
Son regard vers moi qui s'incline,
Vierge pitoyable à mes maux
Par condescendance divine,

Et de toute autre vanité
Qui n'est pas l'amour de sa Grâce,
Au cœur épris de sa beauté
Soucieuse de nulle trace.

L'exil des cœurs froids et leur nostalgie
Triste de ne pouvoir ici, voulant ailleurs,
C'est la vanité de toute magie
Née au mépris du rêve intérieur ;

C'est de vivre (déjà passée une existence
A contempler l'Idéale — où, mais où ?)
Si loin de toi, près de toi, comme un fou
Amoureux d'une vague ressemblance.

Si tu ne sais les gestes qu'il faudrait
Pour renouer ce que ta main délie,
Silence au moins! quand tu me sens plus près :
Ne me rappelle pas que je t'oublie.

Mon cœur est grand comme une plaine,
Mais triste et profond comme un bois;
Nuit et jour, un troupeau de peines
Y bêle à l'appel du hautbois.

Traderi, traderi dera!...
Hélas, c'est l'âme désolée
Du berger dont ne reviendra
Jamais la bergère en allée.

Traderi, traderi dera !
Une autre, aussi gente et jolie,
Viendra qui la remplacera,
Mais ne fera pas qu'on l'oublie.

Mon cœur est grand comme une plaine,
Mais triste et profond comme un bois,
Et toujours un troupeau de peines
Y bêle à l'appel du hautbois,

Traderi, traderi dera....

Par un pauvre jour de souffrance,
En la nuit de mon cœur descend
Un clair de lune d'espérance.

Aussi l'œil de ma conscience
Regarde en mon cœur, s'y glissant
Par un pauvre jour de souffrance.

Et voilà ce cœur dans la transe
De l'obscur Remords déchassant
Un clair de lune d'espérance....

Franc-Espoir, Amour tout puissant,
Soleil! luis au cœur où descend
Par un pauvre jour de souffrance

Un clair de lune d'espérance.

a par ton chemin de tristesse,
Va cueillir l'abrotone verte,

L'abrotone comme l'espoir :
Car l'espoir verdit tôt ou tard.

Cueillir l'espoir où l'amour perce,
Va, par ton chemin de tristesse.

MON CŒUR D'AUTREFOIS

Immense parc de ville morte :
    De rares passants se saluent,
    Se saluent devant des statues
    Qui sont des femmes qui sont mortes.

    Des plumes de paon vont dans l'air,
    De paons qui volèrent jadis
    En des jardins de paradis
    Disparus aux brouas de l'air.

Et l'eau plus ne s'épleure en pluie
De diamants aux girandoles ;
Et, déceints de leurs banderolles,
Si calmes les bassins s'ennuient.

Leurs cygnes sont en allés, où ?
Placide mare au cœur songeur,
Nul soleil qui voie en ton cœur :
Les cygnes ont plié leur cou.

Eternité délibérée,
Sépulture perpétuelle,
O plus même un nom qu'on épelle
Sous la neige délibérée !

Les voix de l'âme, toutes les voix
Se concertent dans nos chœurs divers :
Lorsque les bois chantent en mes vers,
Mon âme aussi chante dans les bois;

Et les pierres qui sont sur ma voie,
(Oh ces pierres sur mon long calvaire!)
Comme toutes ont mon air sévère,
Toutes sauraient rire de ma joie.

Bois et vos voix, Symboles! ô tous
Nos cœurs, toutes nos âmes partout!
Mais le pur Symbole ésotérique

S'enferme, — hors de la métaphore
Qui s'ouvre au jour et comme une amphore
Verse aux profanes sa rhétorique.

es Filles de Joie et celles de Peine
Pour baigner leur corps vont à la fontaine,

Pour baigner leur corps amer ou déchu
Suivent côte à côte un chemin fourchu.

Puis, comme deux monts ferment la bivoie,
Le Diable adirant les Filles de Joie,

Elles mirent leur soudaine pâleur
Au pied d'un calvaire, au lac de Douleur.

Mais un dieu qui sait où sourd l'Hippocrène
Mène à l'Hélicon les Filles de Peine.

Le Génie était la statue avant Dédale,
Les yeux clos sur son rêve, en l'immobilité,
L'immarcessible, froide et chaste nudité
Du corps indifférent d'être ou femelle ou mâle,

Et les pieds joints, et pendantes les vaines mains,
De pierre comme un mur pour tenir à distance
De l'espace et hors le souci des lendemains,
Tourné vers soi, l'Esprit—très loin de l'Existence.

Las! depuis que la vue a creusé son front plan,
Le Génie, avec les faux gestes du talent
Se fourvoie au travers des sentes où l'Idée

Esseulée en allée à jamais des sommets,
Au monde extérieur ouverte désormais,
Se meurt d'une douleur de vierge fécondée.

a compagne de traversée,
  Folle qu'êtes prise au remous
  D'un monde où se meurt la pensée,
  Mon âme, ah, je suis loin de vous.

  Ça tournoie et ça noie à croire
  Ou qu'on est saoûl ou qu'on est fou.
  Pourtant, c'est d'eau salée à boire....
  Ma vie, ah, je suis las de vous.

Tant las et vous si loin, l'Idée,
Qu'ayez pitié, venez à nous :
Le monde a notré âme bridée....
Mon rêve, ah, je suis plein de vous.

Mes rêves alouvis d'Espoir
Flairent de vaines abattures
En la solitude du soir.

La solitude est dévastée
Où mes rêves inassouvis
Ululent, meute dépistée.

Ailleurs l'Espoir a trépassé.
De grands vols blancs d'Esotériques,
Leur chef tout de noir cavecé,

S'effarent par le ciel lunaire :
Alors mes rêves affamés
Que nulle odeur ne vient attraire,

Par les accourres, loin du breuil,
Grâce à la nuit aérophane,
Suivent cette envolée en deuil

Clamant sa peine cantabile
Et s'apparessant à vouloir
Emouvoir l'espace immobile.

Eux, telle d'Espoir est leur faim,
Qu'elle les tient en alalie.
Et quand ils arrivent enfin,

Ils ne trouvent douce allégeance
Qu'à s'enfuir ou mourir devant
L'universelle alcalescence.

Pour la première fois, à l'aube, quand la Terre
Reçut l'écharpe aux sept couleurs et la ceignit,
Pâle reflet jaloux du Flambleau solitaire;
De subites rougeurs la Lune se teignit.

Dès lors, Elle rêva d'un amoureux mystère.
Avec le jour, hélas! son rêve s'éteignit,
Et c'est depuis qu'Elle a gardé ce masque austère:
Car ce fut, chaque soir, l'Ombre qu'elle étreignit.

Devant le Soleil mort à l'horizon sans voiles
La douleur dut noyer son cœur désespéré
Pour que, tragique avec son grand air éploré,

Après s'être drapée en de funèbres toiles
Emplissant l'univers de son sanglot navré,
Cette veuve du Ciel ait pleuré les Etoiles.

Toutes lunes à leur décours
Et les nuits dévorant les jours,

Monte en l'air froidi du ciel morne,
Monte la Mare malitorne,

Cependant que le vent sans voix
S'efforce à pleurer Autrefois.

— " Ah, voix des Lyres heptacordes,
Que ma main encor vous accorde

Et retienne, fût-ce qu'un jour,
Toutes lunes à leur décours,

Toutes lunes dans le ciel morne
Dessus la Mare malitorne.

Car, nul soleil n'éclairant plus
Ce monde où je suis malvoulu,

A la nuit ma main mal idoine
Pour fleurs ne cueille que limoine.

Où verrai-je ce que je crois? „ —
Mais le vent demeure sans voix.

—.“ Doux vent des Lyres en souffrance,
Reprenez-vous d'inespérance ;

Décongelez l'air hyalin
Qu'adhalent de souffles malins

Pour causer méchefs et le pire
Les licornes et les lampyres. „ —

Mais le flot pestilentiel
Envahit le Noir éternel.

Nos déconforts et notre peine surhumaine,
  Et la mine, ô mineur, rappelle-toi ce soir,
  Et brûle ce charbon dont nous étions tout noirs
    Quand nous sortîmes de la benne.

Brûle le seul trésor que la nuit enveloppe :
La lampe de Science à nos fronts luit, depuis
Que la Vie a plié nos corps au fond d'un puits
Pour l'inane progrès d'un labeur de Cyclopes.

Car, d'arracher au sein creux de l'humaine roche
L'or de nouveaux espoirs et de nouvelles fois...,
Nous avions trop aimé trop d'objets à la fois :
  Plus d'or aux cœurs, la houille est proche !

La houille, ah, brûle ! c'est l'Autrefois des vieux hommes;
Et telle chaleur soit, tels rayons si vermeils
Que toutes les âmes crédules que nous sommes
Croient voir luire Héraclès, gloire de l'air, Soleil!

LE ROMAN DE LA GUIVRE.

ie, à qui j'ai promis de ravir à la Guivre
Son escarboucle pour prix de ton cœur féal,
Pénètre au ménil jardinal
Où la Guivre habite et se livre.

Très haute est la haie,
En défend l'enclos,
Epaisse à traverser l'aunaie
Avant que soit le Monstre à ceux que rien n'effraie,
Ames de conquérants, cœurs très hauts
De héros

En triomphale joie
Dès qu'éclate le chœur des cuivres en départ,
Et qui s'en vont au geste épars des étendards
Qu'un vent de victoire déploie.

Or, nous sommes les Fatuaires au grand cœur,
Les chemineux hors des chemins plantés d'ivraie
Que l'aveuglante Vérité jamais n'effraie ;
Et magnifiques, se déroulant comme un chœur,
Vont nos âmes délibérées
Loin de l'Averne — à l'Empyrée.

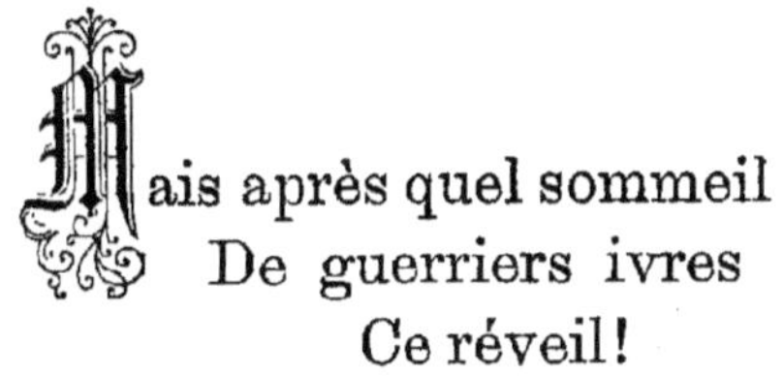 ais après quel sommeil
      De guerriers ivres
          Ce réveil !

Lendores dédormis par l'œil clair de la Guivre,
      Hier nous musions à des chansons,
Aux fredons des frelons autour des abeillages,
Aux murmures de brise emmi les feuillaisons,
      Aux roses pâles en effeuillaison...

Fanfare ! et s'effare ce verbiage.
Comme oiseau niais dérompu,
Le songe est tombé d'une vie au nid, sans but :
Et le vent fait les roses en efflorescence....

Adieu, l'air connu :
Le jour est venu,
Silence !

Vous chanteriez en vain, Sirènes d'autrefois !
Mon âme est un navire au large, vent en poupe;
La Guivre appelle, et dans l'or rutile sa voix
Claire comme vin dans la coupe :

— " Mon Chevalier que j'ai réveillé,
Abandonne l'aunaie en lisière;
L'heure a sonné de rompre en visière
Aux préjugés déjà défeuillés,
Aux préjugés qui te font barrière.

Taille, oh ! travaille pour le néant
Dans la forêt où l'Erreur s'anuite :
N'es-tu pas le bûcheron qu'habite
Un esprit dévastateur, géant
A remplir le Néant — s'il mérite ?

L'arme d'hast au fer lancéolé,
C'est ta main au corps bien emmanchée.
Des Chimères à tes chevauchées !
Pour faire l'Ennemi débellé
Ne vaut longtemps l'asine enfourchée.

Ainsi, ne crains nul signe augural
Venu des astres ou de la lune,
Ni dans l'infinitude en lagunes
La poursuite du feu lacustral,
Ni telles fleurs et l'odeur d'aucunes.

Plus glacial que mare en hiver,
Plus fatal que poison aux corolles,
Plus puissant que lune malévole,
Pour te guider j'ai mon œil ouvert
Autant fidèle que flammerolle.

Donc pénètre au ménil, doux chasseur.
Qu'en l'exil du ménil tu t'esseules
Avec ton âme lente que veulent
Des douceurs que je sais, moi, ta sœur,
Douceurs, ô ma sœur, de seule à seule !

Viens, au geste musical des fleurs,
Parmi les rondes comme enfantines
Des zéphyrs ivres qui se lutinent,
Voir, sans peur des frelons de douleur,
De bonnes abeilles qui butinent.

Mais, surtout ! contre l'Esprit mutin
Garde ton cœur vierge en cette impasse,
D'or vierge et fin pour qu'enfin s'enchâsse
Dans ton cœur mon œil adamantin :
Mon Chevalier, pars donc à ma chasse ! „ —

Mie, à qui j'ai promis de ravir à la Guivre
    Son escarboucle pour prix de ton cœur féal,
        Mon rêve est ménil jardinal
        Où la Guivre habite et se livre.

A PAUL VERLAINE.

Combien de voyageurs, aux âmes jadis blanches,
Sur d'arides chemins poussés par les remords,
Pour goûter l'Espoir aux magiques réconforts
A ses bras se sont suspendus comme à des branches!

Ils ont cueilli ses fruits et dormi sous son ombre
Un bon sommeil hanté de rêves d'au-delà,
Et puis, le lendemain, moins tristement, voilà
Qu'ils gagnèrent l'abîme où l'humanité sombre.

Et s'arrêtent pourtant des passants pour médire
Du colosse aux passants miséricordieux ;
Ils souillent son écorce et, pour le blesser mieux,
Portent à ses rameaux la serpe de leur rire.

Ceux-là sont des maudits, ne connaissant nul baume
A leur plaie, éternels juifs-errants, fils pervers
De ceux pour qui Jésus prêcha dans le désert :
Sur terre, et nulle part ailleurs, est leur royaume.

Leurs coups se retournant les frappent à la tête ;
Et, tandis que la peur chasse leur troupeau vil,
S'accuse encor plus ton satanique profil,
Sublime contempteur des profanes, Poète.

TABLE DES MATIÈRES.

TABLE DES MATIÈRES.

MON CŒUR D'AUTREFOIS :

Achevé

d'imprimer

le 10 Mars 1891,

par H. Vaillant-Carmanne, de Liége,

pour Léon Vanier,

éditeur, à

Paris.